der da, das bin ICH!

Ein braver, fröhlicher Junge

Immer habe ich irgendwo ein Pflaster.

Meine blaue Latzhose brauche ich dringend, damit ich wichtigen Krimskrams einstecken kann.

Meine Tennisschuhe machen mich zwar nicht gerade größer, aber sie sind unheimlich bequem.

Dieses SchneiderBuch gehört
Geschenkt von

Dimiter Inkiow

MEINE SCHWESTER KLARA
und ihr Schutzengel

ILLUSTRIERT VON FRITZ GOLLER

Schneider-Buch

Inhalt

Hier sind wir wieder:
ich und meine Schwester Klara.
Mit neuen lustigen Geschichten.
Womit soll ich heute beginnen?
Wartet, ich weiß es schon.
Ich beginne mit Klaras Schutzengel.

Klaras Schutzengel

Eines Tages kam meine Schwester Klara zu mir, schleppte mich hinter die Kinderzimmertür und fragte ganz geheimnisvoll:
„Möchtest du, daß ich dir mein größtes Geheimnis verrate?"
„Ja!" nickte ich eifrig, weil ich Geheimnisse sehr mag.
„Möchtest du es wirklich?"
„Ja! Ja!"
„Ich werde es aber nicht tun", sagte sie plötzlich und drehte sich um.
Jetzt war ich sehr enttäuscht.
„Warum?"
„Weil du es mir nicht glauben

wirst. Kein Mensch in der Welt
wird es mir glauben."
„Aber ich, Klara. Aber ich.
Ich werde es dir glauben."
„Das sagst du nur so."
„Bestimmt nicht, Klara! Ich werde
es dir glauben."
„Versprichst du das?"
„Ja."

„Du sollst es mir schwören."
„Gut, ich schwöre es!"
„Wenn du mir trotzdem nicht glaubst, dann mußt du drei Tage lang alles tun, was ich dir sage."
„Gut. Wenn ich dir nicht glaube, werde ich drei Tage alles tun, was du befiehlst", versprach ich.
„Sag's endlich."
„Ich habe meinen Schutzengel kennengelernt."
„Weeen?"
„Meinen Schutzengel. Weißt du nicht, daß jedes Kind einen Schutzengel hat?"
„Doch, doch."
„Ich habe meinen gestern kennengelernt."

„Deinen Schutzengel?"
„Ja."
„Das gibt's wohl nicht!"
„Siehst du! Ich wußte, daß du es mir nicht glaubst. Obwohl du es mir versprochen hast. Jetzt mußt du drei Tage alles tun, was ich dir sage."
„Doch, doch, Klara, ich glaube es dir."
„Warum hast du dann gesagt: ‚Das gibt's wohl nicht'?"
„Weil ich noch nie einen Schutzengel gesehen habe. Wie sieht er denn aus?"
„Wie ein Engel."
„Hat er Flügel?"
„Natürlich hat er Flügel.

Jeder Engel hat Flügel."
„Und . . . hat er dir was gesagt?"
„Er sagte, du bist ein liebes Kind,
Klara, und ich bin dein Schutzengel.
Ich passe immer auf, daß
dir nichts passiert. Und auch, daß
es dir gutgeht."
„Das hat er dir gesagt?"
„Ja."
„Klaraaa, ich möchte meinen
Schutzengel auch sehen. Glaubst
du, ich habe auch einen?"
„So ein wildes Kind wie du muß
sogar zwei haben, die von beiden
Seiten auf es aufpassen."
„Ich möchte die Schutzengel aber
sehen, Klara. Ich möchte sie aber
sehen. Was hast du denn

gemacht, um deinen Schutzengel zu sehen?"

„Ich war drei Tage sehr, sehr brav. Hast du es nicht gemerkt?"

„Nein."

„Ich habe auch Mama geholfen und alle unsere Schuhe geputzt. Das hat meinem Schutzengel sehr gut gefallen."

„Ich werde Mama auch helfen und auch alle unsere Schuhe putzen!" rief ich.

„Sehr gut", nickte Klara. „Mama ist nicht da, und darum kannst du ihr jetzt nicht helfen. Aber mit dem Schuheputzen kannst du

schon beginnen. Ich habe sie alle auf die Terrasse gestellt. Die Bürsten und die Schuhcreme sind auch dort."

Wir liefen auf unsere Terrasse, und ich begann sofort die Schuhe zu putzen.

Mensch, habe ich mir Mühe gegeben!
Ich putzte die Schuhe blank. Einen nach dem anderen.
Und ich erwartete, daß mein Schutzengel sich plötzlich zeigt und sagt: „Du bist ein braves Kind. Kennst du mich nicht? Ich bin dein Schutzengel . . ."
Es kam aber kein Schutzengel.
Mama kam.
„Sag mal", wunderte sie sich, „warum putzt du die Schuhe? Ich habe deiner Schwester gesagt, sie sollte heute die Schuhe putzen."
„Klara ist im Kinderzimmer und spielt", antwortete ich. „Weil sie einen Schutzengel hat."

Hast du schon einmal versprochen,
dich nie mehr schmutzig zu
machen?
Ich und Klara haben es einmal
getan.
Und wir konnten unser Ver-
sprechen ganze drei Tage halten.
Die Geschichte war so:

Zwei Ferkel

Wir kamen vom Spielen zurück:
ich und meine Schwester Klara.
Und als Mama uns sah, faßte sie
sich an den Kopf. „Schaut euch
mal an, wie ihr beide ausseht!
Schaut euch mal im Spiegel an."
Ich schaute Klara an. Klara
schaute mich an. Dann schauten
wir uns beide im Spiegel an.
Wir wußten nicht, warum Mama
sich so aufregte.
„Jedesmal kommt ihr vom Spielen
wie zwei Ferkel nach Hause. Jeden
Tag muß ich waschen. So geht
das nicht weiter!"
Stimmt gar nicht! Stimmt gar

nicht! wollte ich gerade schreien.
Aber Klara war schneller, sie
sagte: „Ich werde mich nie mehr
schmutzig machen, Mama. Ich
verspreche es dir."
Dann gab sie mir einen Stoß in
die Rippen und flüsterte:
„Versprich du es auch."
Wenn sie so flüstert, was soll ich
da tun? Ich sagte: „Gut, ich

verspreche es auch." Obwohl ich gar nicht wußte, warum ich das versprechen sollte.
Es hat mir dann auch sehr leid getan, aber versprochen ist versprochen. Zwei Tage habe ich mich nicht schmutzig gemacht. Ehrlich!
Aber dann kam der dritte Tag. Es regnete. Überall waren schöne große Pfützen zu sehen, die nur darauf warteten, daß jemand hineinspringt.
Ich und meine Schwester Klara springen sehr gern in Pfützen, wie jeder weiß. Wenn die ganze Straße trocken ist, und nur in der Mitte ist eine Pfütze, dann laufen

wir beide immer mitten hindurch.
Hintereinander! Wir passen aber
auf, daß Mama uns nicht sieht,
denn sie schimpft immer: „Könnt
ihr nicht wie normale Menschen
gehen? Warum müßt ihr immer
durch jede Pfütze laufen? Ihr
werdet noch einmal in ein Kanalloch
fallen!"
Wir sagen dann: „Nein, wir fallen
nicht."
Und sie sagt: „Doch, doch, man
weiß nie, wie tief eine Pfütze ist."
Mama weiß eben nicht, wie schön
es ist, durch Pfützen zu laufen. Ich
glaube, als sie klein war, ist sie nie
in eine Pfütze gesprungen.
Ich schaute vom Fenster hinunter

auf die schönen großen Pfützen.
Und dann sagte ich zu meiner Schwester Klara: „Gehen wir nicht nach draußen und laufen durch die Pfützen?"
„Nein", seufzte Klara, „es geht leider nicht."
„Warum denn nicht?"

„Wir haben versprochen, uns nicht mehr schmutzig zu machen. Wenn man durch Pfützen läuft, wird man immer schmutzig."
„Wir laufen ganz vorsichtig", sagte ich, „und ziehen unsere Gummistiefel an. Danach waschen wir sie heimlich, und Mama wird überhaupt nichts merken. Bitte, bitte, Klara, kommst du mit?"
„Gut", sagte Klara, „aber ganz leise."
Wir haben sofort Anorak und Gummistiefel angezogen. Und sind auf Zehenspitzen auf die Straße geschlichen. Mama hat es überhaupt nicht gemerkt.
Auf der Straße begannen wir

sofort, mitten durch die Pfützen zu
laufen: Platsch-platsch-platsch!
Es waren ziemlich viele Pfützen da.
Genug für Klara und für mich.
Platsch-platsch! Das war ein
Spaß!
„Vorsichtig", sagte Klara. „Du mußt
vorsichtig laufen!"
„Ich weiß! Daß wir uns nicht
schmutzig ma . . ."

Mehr konnte ich nicht sagen, weil plötzlich unter meinen Füßen kein Boden mehr war. Die schöne Pfütze war ein Loch. Ich stand plötzlich bis zu den Knien in Wasser und Schlamm.
„Ach du liebes bißchen", sagte Klara und versuchte mich herauszuziehen. Aber da fiel sie selbst hin, weil alles so glitschig war.
Naß und schmutzig kamen wir nach Hause zurück. Als Mama uns sah, faßte sie sich an den Kopf. „O Gott! Wie seht ihr denn aus?"
„Wie zwei Ferkel", antworteten ich und meine Schwester Klara wie aus einem Munde. „Das wissen wir schon!"

Es ist nicht leicht, neue Schuhe zu tragen. Obwohl neue Schuhe etwas sehr Schönes sind. Und das zeigt die Geschichte, die ich jetzt erzählen werde.
Paßt gut auf:

Klaras Hühneraugen

Eine alte Frau aus unserem Haus,
die immer alle Kinder schimpfte,
starb. Zwei Tage danach sagten
Mama und Papa, daß sie heute zu
ihrer Beerdigung gehen müßten.
„Ich komme auch mit", sagte meine
Schwester Klara.
„Das geht nicht", sagte Mama.
„Eine Beerdigung ist nichts für
Kinder."
„Doch", widersprach Klara, „es ist
etwas für Kinder. Ich mag
Beerdigungen sehr gern, und ich war
noch nie auf einer Beerdigung."
„Ich komme auch mit!" rief ich.
„Ich komme auch mit!"

3 4111-4

„Nein", sagten Mama und Papa zusammen.
„Doch!"
„Nein!"
„Doch!"
„Eine Beerdigung ist etwas sehr Trauriges. Ihr werdet dort weinen", meinte Mama.
„Wir kommen mit! Wir kommen mit!"
„Wir haben euch gesagt, daß es nicht geht!"
„Dann werden wir hier weinen!" riefen ich und meine Schwester Klara und begannen sofort laut zu weinen.
Mama und Papa faßten sich an den Kopf.

Als wir das merkten, begannen wir noch lauter zu weinen. Wir können das sehr gut, wenn wir uns ärgern. Es war auch so traurig, allein zu Hause zu bleiben, wenn Mama

48.-

und Papa auf eine Beerdigung gehen.
„Genug jetzt", seufzte endlich Papa. „Ihr kommt mit!"
Dann hat er uns die Nasen geputzt, und wir wurden von Mama ganz neu angezogen wie für einen Besuch. Klara mußte zum erstenmal ihre neuen schwarzen Schuhe anziehen.
Mama hat sie im Ausverkauf gekauft, weil sie ganz billig waren.
Dann fuhren wir im Auto zum Friedhof.
Die Beerdigung hat mir gar nicht gefallen, weil wir dort ganz ruhig sein mußten und nicht herum-laufen durften. Und auch die

gestorbene alte Frau war nirgendwo zu sehen, obwohl es ihre Beerdigung war. Ich fragte Mama, und sie sagte mir, daß die alte Frau im Sarg liegt. Aber der Sarg war zu, und ob sie wirklich drin war, wußte sicher niemand.

Ein Pfarrer murmelte etwas, und viele alte Damen putzten ihre roten Nasen. Ununterbrochen. Eine nach der anderen.

„Klara", fragte ich, „warum weinen die denn?"

„Weil die Frau gestorben ist", flüsterte Klara.

„Sie ist doch im Himmel, und dort ist es schön. Die brauchen doch nicht zu weinen."

„Vielleicht ist sie in der Hölle."
„Meinst du?"
Klara nickte. Das stimmte sicher, denn die alte Frau war sehr böse gewesen und hatte immer alle Kinder geschimpft.
Und weil sie nun in die Hölle mußte, weinten alle ihre Freundinnen. Aber ich fand das sehr gerecht.
Ich wollte Klara gerade fragen, ob die Teufel die alte Frau wohl in der Hölle braten werden, da zischte Papa: „Pssst! Ihr sprecht zuviel!"
So mußte ich schweigen. Neben mir schwieg meine Schwester Klara. Sie trat von einem Fuß auf den anderen. Ich weiß nicht,

warum, aber sie sah sehr traurig aus. Dann mußten wir hinter dem Sarg hergehen, ziemlich lange, weil das Grab am anderen Ende des Friedhofs lag. Die alten Damen putzten beim Gehen ununterbrochen ihre Nasen und seufzten immer lauter. Und dann

bemerkte ich staunend, daß auch
meine Schwester Klara immer lauter
seufzte und ihre Nase putzte.
„Klara", fragte ich, „warum weinst
du?"
Sie zischte zurück: „Laß mich in
Ruhe!"
Und dann am Grab begann sie

fürchterlich zu weinen. Alle alten Damen drehten sich zu ihr um. Mama und Papa versuchten vergeblich, Klara zu beruhigen. Sogar der Pfarrer strich ihr über den Kopf und sagte:
„Du brauchst um deine liebe Oma nicht so zu weinen, mein Kind. Sie ist jetzt in guten Händen!"
Klara schnaufte, putzte sich die Nase und antwortete ganz laut:
„Sie ist gar nicht meine Oma . . . Und ich weine gar nicht ihretwegen. Ich weine, weil mich meine scheußlichen neuen Schuhe so drücken. Ich habe ganz große Hühneraugen bekommen. Und das hier nimmt ja kein Ende . . ."

Machst du gern bei Preisaus-
schreiben mit?
Ich und meine Schwester Klara tun
es gern.
Einen Preis zu gewinnen ist eine
tolle Sache.
Nur muß man mit dem Preis
vorsichtig umgehen, wie die folgende
Geschichte zeigt:

Der große Preis

Einmal schickte uns Mama einkaufen.
Wir nahmen die Einkaufstasche und liefen zum Supermarkt. Wir kaufen beide gern ein. Manchmal streiten wir uns auch, wer die tolle Einkaufstasche tragen darf.
Wir hatten zwei Milchtüten gekauft und wollten schon zahlen, als Klara plötzlich wie angenagelt vor der großen Tiefkühltruhe mit dem Eis stehenblieb.
„Schau mal!" rief sie. „Ein Preisausschreiben!"
„Was ist das denn?" fragte ich, weil ich damals noch nicht wußte,

was ein Preisausschreiben ist.
„Ich werde es dir später erklären",
flüsterte sie mir ins Ohr. „Steck
nur einen von den Zetteln in deine
Tasche oder besser gleich zwei!"
Ich traute mich aber nicht und
fragte: „Darf man denn das? Muß

man die nicht bezahlen?"
„Nein!" zischte sie und steckte auch
einen Zettel in ihre Tasche.
„Die sind frei!" Wenn es so war,
was sollte ich da tun? Ich steckte
auch einen bunten Zettel ein. Aber
sehr wohl war es mir dabei nicht.

Als wir zu Hause waren, schleppte mich Klara ganz geheimnisvoll in unser Zimmer.
„Hör jetzt gut zu!" sagte sie und las feierlich:
„Preisaus . . . schrei . . . ben . . . Für Kinder haben wir das tollste und neueste Eis der Welt gemacht . . . Cocosnußeis. Cocosnußeis schmeckt jedem Kind . . . Jetzt paßt mal auf . . . Wie heißt das neueste Eis der Welt, das jedem Kind schmeckt? Sein Name beginnt mit C und hat elf Buchstaben. Füllt diese Karte aus und schickt sie uns . . . Es gibt tolle Preise, wenn ihr den Namen des Eises richtig erraten habt . . ."

„So!" sagte Klara und schaute zur Decke. „Wie heißt das Eis?"
Ich überlegte scharf.
Und weil ich so klug bin, wußte ich es bald.
„Cocosnußeis! Cocosnußeis!"
Ob das Wort aber elf Buchstaben hatte?

4 4111-4

Wir begannen beide tüchtig zu zählen. Leider konnte ich damals nur bis zehn zählen. Aber weil nur ein Buchstabe übrigblieb, wußte ich es: „Es sind elf! Es sind elf!"
„Mensch, bist du klug!" meinte meine Schwester Klara.
Endlich hatte sie es zugegeben.
„Bin ich! Bin ich!" nickte ich.
Jetzt nahm sie einen Bleistift und füllte die beiden Karten aus.
Sie hat sich wirklich viel Mühe gegeben und wurde ganz rot im Gesicht.
Danach haben wir die Karten Mama gezeigt und von ihr Briefmarken gekriegt. Dann haben wir sie in einen Briefkasten geworfen.

Wir hatten die ganze Sache vergessen
— aber wirklich. Ich weiß nicht,
wieviel Zeit danach vergangen ist.
Aber eines Nachmittags klingelte
es plötzlich an unserer Tür.
Es war ein Eilbote.
Er trug einen komischen Hut, auf
den Eistüten gemalt waren.

„Guten Tag, liebe Kinder", sagte er, „ihr habt mitgemacht und - ihr habt gewonnen!!! Ich hab was für euch! Fünfzig Stück von dem tollsten und neuesten Eis der Welt. Das Eis, das jedem Kind schmeckt. Wie heißt es?"

Er schaute uns erwartungsvoll an, aber ich und meine Schwester Klara hatten es schon längst vergessen . . .

„Vanille . . .", stotterte Klara.

„Nein! Nein! Cocosnußeis!" rief der Mann und gab uns ein Päckchen. Danach verschwand er, genauso schnell, wie er gekommen war. Ich und Klara blieben mit dem Päckchen mit offenem Mund stehen. Aber nicht lange. Wir hüpften zweimal vor Freude, und dann öffneten wir das Päckchen und begannen zu essen.

Ein Eis.

Zwei Eis.

Drei Eis.

Vier Eis.

Ich sage euch, in meinem ganzen
Leben habe ich vorher nie soviel
Eis auf einmal gegessen.
Wir aßen und aßen und aßen –
bis wir Magenschmerzen kriegten.
Dann war aber das ganze Eis
schon weg.
Und danach?
Danach haben wir uns erkältet
und Halsschmerzen gekriegt.

Darum mußte uns Mama dicke
Halsverbände machen.
Wir lagen beide im Bett.
Ich und meine Schwester Klara.
Mit dick verbundenen Hälsen.
Da kam Klaras Freundin Petra zu
Besuch.

„Sag mal, was ist mit euch beiden los?" fragte sie. „Was habt ihr denn?"
„Wir haben nichts!" sagte Klara. „Wir haben nur ein Preisausschreiben gemacht . . . Und fünfzig Eis gewonnen!"

CIP-Titelaufnahme der Deutschen Bibliothek

Inkiow, Dimiter:
Meine Schwester Klara / Dimiter Inkiow. – München : F. Schneider.

Bd. 5. ... und ihr Schutzengel. – 1989
ISBN 3-505-04111-4

BENJAMIN®

8000 München 40 · Frankfurter Ring 150

Titelbild und Illustrationen: Fritz Goller
Umschlagkonzeption: Heinz Kraxenberger, München
Herstellung: Brigitte Matschl
Satz: TypoBach, München
Druck: Staudigl-Druck, Donauwörth
ISBN: 3 505 04111-4

Von „Meine Schwester Klara und ihr Schutzengel“ ist auch eine erweiterte Ausgabe in Großdruck lieferbar.

Meine-Schwester-Klara-Serie von Dimiter Inkiow:

HABE ICH		WÜNSCHE ICH MIR
	GROSSDRUCK	
	Meine Schwester Klara und die Geister (Band 1)	
	Meine Schwester Klara und der Löwenschwanz (Band 2)	
	Meine Schwester Klara und die Pfütze (Band 3)	
	Meine Schwester Klara und der Haifisch (Band 4)	
	Meine Schwester Klara und ihr Schutzengel (Band 5)	
	Meine Schwester Klara und der Schneemann (Band 6)	
	Meine Schwester Klara und ihr Geheimnis (Band 7)	
	Meine Schwester Klara und das liebe Geld (Band 8)	
	Meine Schwester Klara und die große Wanderung (Band 9)	
	Meine Schwester Klara und ihre Kochlöffel (Band 10)	
	Meine Schwester Klara und das Lachwürstchen (Band 11)	
	Meine Schwester Klara und der Osterhase (Band 12)	
	Meine Schwester Klara und die geschenkte Maus (Band 13)	
	Meine Schwester Klara und der Piratenschatz (Band 14)	
	Meine Schwester Klara und Oma Müllers Himbeeren (Band 15)	
	SCHREIBSCHRIFT (in gekürzter Form)	
	Meine Schwester Klara und die Geister (Band 1)	
	Meine Schwester Klara und der Löwenschwanz (Band 2)	
	Meine Schwester Klara und die Pfütze (Band 3)	
	Meine Schwester Klara und der Haifisch (Band 4)	
	Meine Schwester Klara und ihr Schutzengel (Band 5)	
	Meine Schwester Klara und der Schneemann (Band 6)	

Gib diesen Wunschzettel deinen Eltern oder Großeltern oder allen, die dir gerne eine Freude machen wollen.